Title: Realidad Mitigada: una experiencia AR

ISBN-13: 978-1952336324
Design and Cover Image: ©María Vega
Artistic direction and illustration: ©María Vega
Technical production and lead 3d artist: ©Lara Marín
3d modeler and 3d animator: ©Damián Antuña
AR direction and development: ©Alejandro Romero

E-mail: carlos@artepoetica.com
Mail: 38-38 215 Place, Bayside, NY 11361, USA.
© Realidad Mitigada: una experiencia AR, Tina Escaja 2025.
© Realidad Mitigada: una experiencia AR, for this edition Artepoética Press, 2025.

All rights reserved. No part of this publication may be reproduced, distributed, or transmitted in any form or by any means, including photocopying, recording, or other electronic or mechanical methods, without the prior written permission of the publisher, except in the case of brief quotations embodied in critical reviews and certain other noncommercial uses permitted by copyright law. For permission requests, write to the publisher, addressed "Attention: Permissions Coordinator," at the address below: 38-38 215 Place, Bayside, NY 11361, USA.

Todos los derechos reservados. Esta publicación no puede ser reproducida, ni en todo ni en parte, ni registrada en o transmitida por, un sistema de recuperación de información, en ninguna forma ni por ningún medio, sea mecánico, fotoquímico, electrónico, magnético, electroóptico, por fotocopia, o cualquier otro, sin el permiso previo por escrito de la editorial, excepto en casos de citación breve en reseñas críticas y otros usos no comerciales permitidos por la ley de derechos de autor. Para solicitar permiso, escríbale al editor a: 38-38 215 Place, Bayside, NY 11361, USA.

Realidad Mitigada
es un poemario y
proyecto que invita
a experiencias
RA (Realidad
Aumentada) a
partir de instancias
existenciales que
involucran alquimias,
róbotico, códigos de
violencia y control,
y el virus de la
COVID-19.

Descarga la App

Información
del proyecto

Leyenda

Escanea para ver la
Realidad Aumentada

 Escanea para ver la obra original en la Web

INDEX

.	Prólogo		
I	Alquimias	12-13	Sal Metallorum
		14-15	Tiroxina
		16-17	Morfina
		18-19	Hierro
II	Forja	22-23	Plomada
		24	Negro en ovejas
		25	Za]Mora Amor (Mora Amor)
		26	bARcEloNA/l cor. (Barcelona Arena / al cor)
		27	United Estados
		28-29	Te envolveré en terciopelo
III	Código de Barras	32-33	QUIET ZONE: Lugar del silencio I
		34-35	QUIET ZONE: Lugar del silencio II
		36-37	UNA, GRANDE, LIBRE
		38-39	Estrella
		40-41	Luna Morada
		42-43	Tráfico y Bolsa
IV	Robopoem@s	46-47	I
		48-49	II, III
		50-51	IV
		52-53	V
		54-55	VI, VII
V	Mar y Virus	58-59	Poem@CAPTCHA
		60-61	Mar y Virus (Poema Oleatorio)
		62-63	Mordida en Virus
		64-65	Huesped y encierro
		66-67	Calles Cerradas
		68-69	Mar y Virus (VR)

Prólogo_Un umbral tecnopoético. La poesía de Tina Escaja en realidad aumentada.

Élika Ortega

Realidad Mitigada, el libro que tienes en las manos (o el PDF en tu pantalla) es una colección de poesía en realidad aumentada (RA) que reúne y reimagina una buena parte de la creación poética-tecnológica de Tina Escaja y presenta las más recientes creaciones de la autora en reflexión a la emergencia causada por el COVID-19 en 2020. Aunque el término realidad aumentada ha estado en uso ya por varios años, vale la pena dejar en claro que se refiere a una serie de tecnologías con las cuales se añaden capas de contenido virtual a objetos físicos creando así una realidad híbrida, en este caso, entre libro impreso y dispositivo móvil. De esta manera, *Realidad Mitigada* es un libro híbrido que, como Jano, mira hacia atrás y hacia delante a la obra de Escaja de forma similar a la que sus lectores miramos al libro y a la pantalla (o bien a una y otra pantalla). Este umbral, como motivo, ilustra el espacio poético desde el que Escaja concibe unidades poéticas entre palabras y animales, lenguaje humano y lenguajes computacionales, tecnología e insectos. El umbral es también el momento histórico y mediático de las últimas décadas en el que los cambios tecnológicos y culturales han producido resultados fascinantes no solo por su carácter innovador sino, sobre todo, por sus contradicciones y mezclas.

Paradas en este umbral nos es posible aproximarnos a *Realidad Mitigada* siguiendo dos trayectorias.

Por un lado, la emergencia de la publicación híbrida a partir de la década de 1980. En sus inicios, este tipo de publicaciones (mitad libro impreso, mitad programa computacional) se trataba de juegos de computadoras con ambiciones literarias, a veces bien logradas, en las que la presencia de un volumen impreso legitimaba y daba fondo a estas nuevas formas creativas.

Los cambios en las sensibilidades de lectura y ocio que hemos visto desde entonces invirtieron este paradigma y, desde los años noventa, en el imaginario cultural las tecnologías computacionales se convirtieron en una amenaza para el libro impreso. Así, numerosos editores y editoriales han utilizado la publicación híbrida para dar nueva vida al libro impreso, para asegurar su vigencia en un mundo que supuestamente comenzaba a darle la espalda. No obstante, un vistazo a la historia de publicación híbrida nos permite observar cómo a pesar de que la muerte del libro no sucedió, de hecho, han sido las tecnologías digitales (medios de almacenamiento, lenguajes de programación, paquetes de software y muy notoriamente los hardwares) las que se han ido supeditando rápidamente una a la otra debido a la obsolescencia programada.

Si bien los sectores educativos e infantiles han sido los mayores propulsores de este tipo de libros híbridos, narradores y poetas han visto en la publicación híbrida una avenida ideal para la experimentación literaria y artística dando lugar a obras de muchísimo valor. En el mundo iberoamericano, esta trayectoria está punteada por obras como Árbol veloZ (1998) del uruguayo Luis Bravo, el afamado Libro del fin del mundo (2002) de la argentina-española Belén Gache, O Livro depois do Livro (2003) de la brasileña Giselle Beiguelman, Nào poemas (2003) del también brasileño Augusto de Campos, Plagio del afecto (2010) del chileno Carlos Cociña y Permanente obra negra (2019) de la mexicana Vivian Abenshushan. Más cercanos a *Realidad Mitigada* son los "clickable poem@s" del chileno Luis Correa-Díaz reunidos en sus poemarios Clickable Poem@s (2016) y Metaverse (2021) que utilizan la RA vía códigos QR para amplificar una poética posthumanista. Este brevísimo recuento nos permite ver que *Realidad Mitigada* es parte de una tradición literaria, que si bien pequeña está bien cimentada en las tradiciones experimentales de Avant-Garde y post y neo Avant-Garde iberoamericanos, así como en el dominio de la innovación tecnológica que más comúnmente se asocian con la tradición anglo-europea.

Por otro lado, la trayectoria poética de Escaja ofrece también puntos de partida para acercarnos a *Realidad Mitigada*. De hecho, como una antología de la obra de la autora podemos considerar este libro una extensión y una culminación de las prácticas poéticas que han caracterizado su obra. Como antología, además, *Realidad Mitigada* nos permite ver la manera en la que los principios poéticos de la autora materializados anteriormente como fotografía, instalaciones, o en web encuentran nuevas salidas en su recreación como poemas en RA. La experimentación, la atención a las tecnologías y su intersección con el lenguaje literario son constantes en la obra de Escaja. La exploración de llevar la palabra poética a lugares insospechados es clara en, por ejemplo, "Negro en ovejas" (2011) donde las ovejas son el medio visual y dinámico del poema. En Código de barras (2006-2007) los códigos de barras ubicuos en los productos comerciales se transforman en disparadores de versos dejando de ser un lenguaje legible solo para las máquinas, para ser un medio poético también. Escaja enfatiza todavía más el lenguaje de las máquinas en Robopoem@s (2016) con los cuales la autora nos sitúa frente a la perspectiva de robots-insectos y su exploración existencial como seres algorítmicos. Su animación dinámica y vocal pone de relieve el cruce entre las consciencias humanas y mecánicas y resalta la extrañeza de nuestra relación afectiva con la tecnología.

La trayectoria de Escaja también nos permite deducir que al centro de su obra está el cuestionamiento al libro impreso como medio poético dominante. Si bien, *Realidad Mitigada* nos trae de regreso al libro impreso este volumen no es un libro convencional en ningún sentido. En él, como podrán apreciar los lectores, nos encontramos con una materialidad híbrida que simultáneamente distingue y acerca al papel con la pantalla que produce unidades poéticas y conceptuales que son más que la suma de sus partes. Los poemas de "Quiet Zone," por ejemplo, nos arrestan con la animación de la voz saliendo de los códigos de barras de manera mucho más inmersiva que la versión web; los "Robopoem@s", insectos invadiendo nuestro propio móvil, hablan a través de la voz de Escaja; los muchos poemas bilingües en Mar y virus existen en el mismo plano híbrido entre papel y pantalla. Esta relación atenta al medio de expresión, en sí un vehículo de significación que ha caracterizado la carrera de Escaja, nos prepara para cuestionar el lugar del libro en la poesía desde el interior del libro impreso a partir de sus características y potencialidades también tecnológicas.

Por ello, nuestra lectura de *Realidad Mitigada* debe estar iluminada por los principios destructivistas de destruir convenciones, expectativas y cánones que Escaja ha puesto en práctica durante las lecturas de la segunda edición de Caída libre (2007). En estas lecturas Escaja interroga devastadoramente el lugar de la palabra y de la creación atada a la página impresa. Además, son los asistentes (los lectores) quienes están a cargo de tal labor al seguir la petición de Escaja para que arranquen las páginas del libro y creen con ellas algo nuevo: un avión de papel, un matapiojos, un barquito, un abanico o simplemente una bola arrugada. Este tipo de activaciones poéticas, nacidas de una ética feminista, son las bases de *Realidad Mitigada* donde los lectores, al activar la aplicación de RA, convertimos las páginas en algo más que solamente páginas.

Además, convertidos a RA, los poemas de Escaja adquieren una nueva vida tecnológica y crean un espacio poético de potencialidades multimediáticas en donde voz, ilustración, texto, animación e interacción significan desde sí mismos. Estas potencialidades mediáticas ya presentes en la obra previa de Escaja, aquí adquieren mayor importancia porque dan evidencia de la colaboración y coautoría con Alejandro Romero, Lara Marín, María Vega y Damián Antuña quienes estuvieron a cargo de la ilustración y el diseño, la animación en 3D y el desarrollo de la aplicación móvil. En esta colaboración, donde cada coautor ha tenido independencia creativa, los poemas se ven aumentados gracias a la reinvención y reinterpretación de los colaboradores, quienes son, en primer lugar, lectores y activadores de los poemas y, sobre esa base, cocreadores. En este tipo de colaboración vemos un cuestionamiento más a las figuras, convencionalmente separadas, de autora y lectores, no desde una postura teórica, sino desde la práctica creativa. De hecho, la realización de *Realidad Mitigada* como lo vemos ahora es el resultado de una serie de tertulias organizadas por la autora en el Matadero de Madrid entre 2021 y 2022. Durante estos "matamiércoles", como se llamaron estas tertulias-umbrales, Escaja estableció una comunidad afín de creadores, desarrolladores y expertos en cultural digital interesados en la exploración de las posibilidades expresivas de las tecnologías digitales.

Este libro híbrido crea un espacio de encuentro, un umbral más, en donde lectores afines se pueden encontrar y donde también nuevos lectores pueden acceder a las realidades propuestas por los coautores.

I

Alquimias

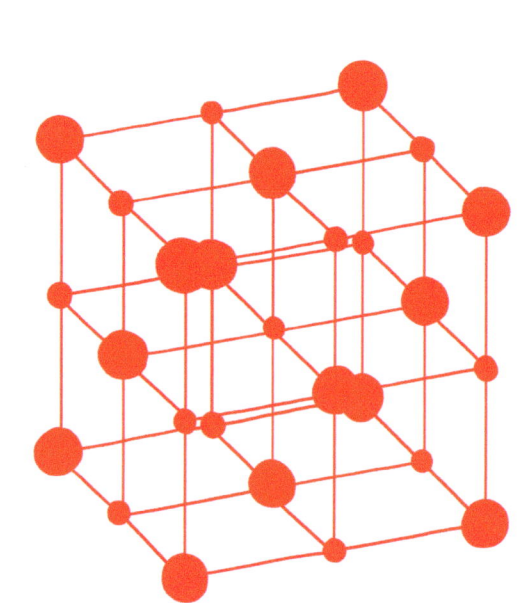

Sal Metalorum

Iones que enlazan un cubo perfecto
y cristalino,
natrium y cloro,
halita mineral transparente y soluble
que incorpora

la alquimia primordial, la esencia mineral y alcance
que inmortal me adhiere
al roce de tu amor y axila, al sudor y acaso
que mi lengua proclama,
que extática me aprieta de tu piel
el sello.

Esa sal que me envuelve concisa y casquivana
al elixir y origen,
a la mística curvatura de tu ombligo,
al fragor transmutado de tu cuerpo en derroche,
Opus
Magnum.

Fundida y disuelta en agua-mar,
primigenia y novicia,
eléctrica te inmolo.

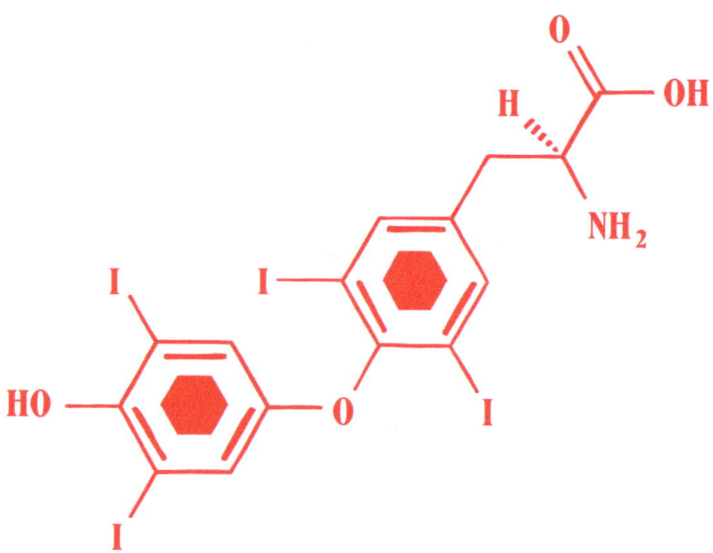

Tiroxina

Ausencia de mar
Despropósito de vuelo y trazas, necesidad de amor y yodo
que no está, que el cuerpo y tiroides produce a la inversa y estalla alienado y
        [Se impone
como ese mar sin mar, como esa existencia sin luz ni embriones, sin amor ni
        [escafandra. Sin peces.

Cuatro de iodo, carbono, aminoácido esquivo, secreción pituitaria adversa, el cuerpo
        [te ataca mientras tu existencia frágil
se desmorona atónita, hipoactiva, parámetros de ineptitud.

Te rinde cuentas.

Y no sabes cómo acceder a la trama, cómo regresar al origen, cómo aquilatar esa
        [pérdida de océano y sal.
Porque la vida es otra. Se precipita a una nada esquiva, adversa, a un retomar de
        [parada y fonda
que no está
~~No estás~~
No eres.
Muñeca a la deriva de un cuerpo que se desmorona y exige
lo que atrás
dejaste.

Ostentación química que te expele y seduce.

Y el reto acaso de poder hallarte.
Y asumir la culpa.

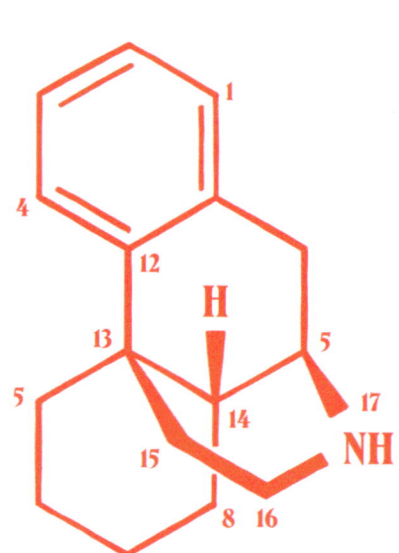

Morfina

y el único salvaguardia
el timón verdadero, seguro, puerto en mar bravío, eres tú
(5α,6α)-7,8-didehydro-
4,5-epoxy-17-methyl*morphinan*-3,6-diol

narcótico hermano
con tu presencia invento laxitud, paradas fijas, caídas inertes, paliativas

contigo me muestro
entera y otra en un mar sin nombre
sin norte

en calma

hexágonos cambiantes. Hidrógeno, Oxígeno, CH3

la pulsera de mi condición taimada.

26: Hierro   2,8,14,2

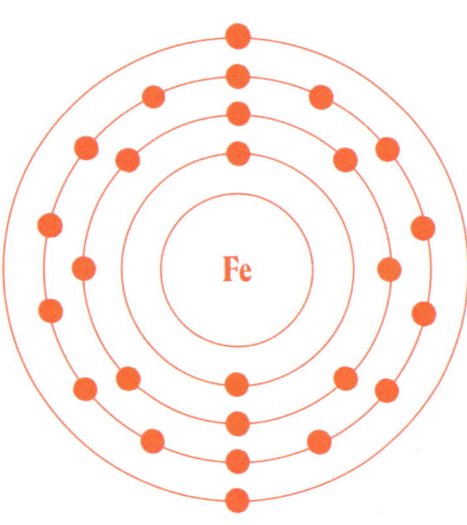

Hierro

Para otros usos de este término, véase Hierro (desambiguación). Wikipedia, la enciclopedia libre.

Número atómico 26
Metal maleable
Condición huidiza y forja
lugar de abandono
y puerto

~~*de color gris plateado*~~ **y presenta**
propiedades <u>magnéticas</u>
que generan campo propio, búsqueda
y náusea
en *transición* **perpetua sin cauce**
ni des(a)tino

extremadamente duro y denso
como lo fue mi empeño, mi seducción
      [de huida y trama
sin vuelta
atrás.

y raramente se encuentra
libre.

El más abundante de la corteza
      [*terrestre.* **Y en él me hundo**
y ahogo
Me disperso en polvo estelar
~~*los elementos más pesados que*~~
      ~~*[el hierro solo pueden crearse*~~
      ~~*[en supernovas.*~~

Buscando en forja y verso
alimento, fuego de acción, pirueta
      [en óxido
y vilo

mientras acaso
se estimula al acierto y me desbarata.

Símbolo: Fe.

II

Forja

Plomada

Vértigo y peso.
Peso.
Pulso orbital en mesura
y tiento,
redoma que perfila y somete, te destila y
moldea.

Ser
plomada.
Echarle el pulso a tu piedra.
Echarte y vértigo
que te pende y exige
medida,
sin centro acaso que expíes.

Tú y plomada.
Sonda sin mar ni artilugio
que te halle.
Precipicio vertical sin cauce

ni rescate aparente.

Negro en ovejas (poema ovino)

Mora amor. (Za | Mora Amor)

**bARcEloNA/1 cor.
(Barcelona Arena/al cor)**

United Estados

TE ENVOLVERÉ EN TERCIOPELO

y cada fibra de tu cuerpo abierto
para mí sea,
que las briznas torpes de la dulce
       [materia
te acaricien y escancien
de su lengua lazo,
del cáñamo
la dicha toda de serme entera y no Ser.

Te envolveré en terciopelo
y la mordaza que ostentas sea gloria
       [y ofrenda
grande, hendidura y

acecho

apenas

de luz,
mortaja erecta, embeleso, atisbo
de vuelo acaso de palomas errantes
que escancian irremediables y asuetas
       [su condición burda y torpe.

Para mí sea
tu anhelo, el afán de cifrar, de emular
       [cirio
o espada;
soberana exclusiva a mi paso,
a mi ejercer y esquela del nombre,
conseguido,

de los nombres
que irremediable empuña
y nos demanda.

Te envolveré en terciopelo y tu gesto se
       [adhiera preciso y justo
a la esquina de sus brotes,
que no exceda límite
ni rúbrica
cautiva y velo,
ejemplar y epitafio, magnífica y
       [celada...Pasión

rendida.

Para el Nombre grande y el mío,
de mi gremio e impostura,

tu impura
Luz.

III

Código de Barras

QUIET ZONE

Lugar del Silencio

Mantenerse fuera, privado, cómoda en la medida

en que las flores brotan

y los gritos ofrecen espasmos rituales.

Lo demás no existe

Mantener la distancia, la perfecta armonía de un silencio perfecto.

Protegida del ruido, del estorbo del miedo, de la falacia humana.

Simple y serena.

Hundida en el amor fugaz a lo inmediato.

Lo demás no existe

El dolor no existe no existe el grito ni la falta no

QUIET ZONE: Lugar de silencio I

No pasa nada.

Silencio quieto, partitura en blanco.

La paz hipócrita del enamorado.

Vanidad del refugio.

Mientras el mundo sucumbe y sangra.

Sucumbe y sangra.

y mordido.

¡Despierta!

El lugar del silencio es la indiferencia.

QUIET ZONE: Lugar de silencio II

UNA, GRANDE, LIBRE

UNA
mentira, una falsa identidad
        [que une, una perversa
        [asociación que entalla.
no existe, no es, somos muchos y
        [dispersos, son varias e
        [infinitas y todas sometidas a

una

falacia, el ritual del sueño
        [ajeno que impone y que
        [seduce, que revienta y
        [agravia.

sean muchas.
seamos más.
decidamos en contra.

GRANDE
la trama azul y roja y estrellada,
el blanco que aniquila y considera
        [luego,
y al designar desgarra.
obeso el avatar que aplasta y manipula,
terquedad gigantesca que fornica con
        [su propia ilusión gorda
que arremete y aplasta con sus nalgas
        [de gigante,
posaderas de un dios ruin de diseño y
        [catálogo.

Grande es la llama de nepalm que
        [quema.
Grandes las erectas barras que
        [apuntalan.
Grande el argumento y la farsa gigante,
        [como lo es su ceguera
        [propicia.

Grande la mentira y su caída de bruces
        [en el cristal quebrado de las
        [falsas quimeras.

LIBRE
no eres no, ya no, no somos. Pregunta
        [al oprimido, al ocupado.
Todo falso y al revés.

Despierta.

Estrella

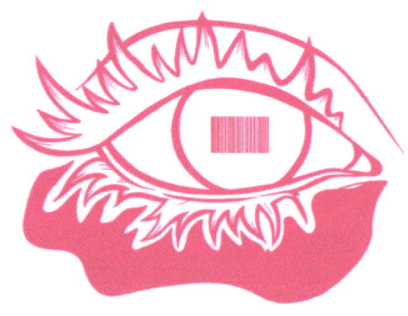

LUNA MORADA

Geología violenta y luna
morada en venas
rotas
y mínimas.
Asteroide abatido transforma el llano
en una rara acontecida cumbre
sorda y violeta.
Sangre marchita que acoge ese ojo motriz
sepultado
en la nueva geografía,
ese cuerpo celeste de un paisaje mineral que abulta
del corazón el puño,
de la palabra el dardo,
del dolor
la tectónica geometría del miedo.
Erosión de una trama de ficticio relieve
mientras el astro exige en su centro herido,
dignidad y cordura.

No hay razones.

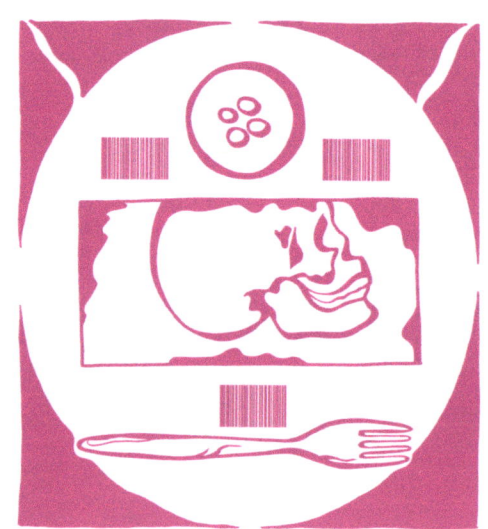

Tráfico y Bolsa

Veinte cadenas, veinte barras y pringues, veinte encierros
sobre su cuerpo niño des-
hecha toda agujero, canal y bruces que aborda
el humano estiércol,
veinte la savia y sin perdón ni asidero veinte
la cuota.

Y la niña llora de esputo y sola, el ultraje, nada
es la niña,
un agujero roto,
el patrón de un denuedo sin salida ni cauce,
vendida, robada, rota,
multiplica la pena entre niñas de un mundo que insiste e inmola

a tu lado.

Y tú ajeno del todo, bienvestido, preocupado del trueque y cotizaciones,
de las vueltas y el devenir bursátil,
el negocio
propicio.

La niña permanece en su sima y el collar del esperma ahoga,
palpita a gritos
mientras el sol se oculta y otra más en tu barrio
se inicia en patada y débito:

veinte al día.

IV

Robopoem@s

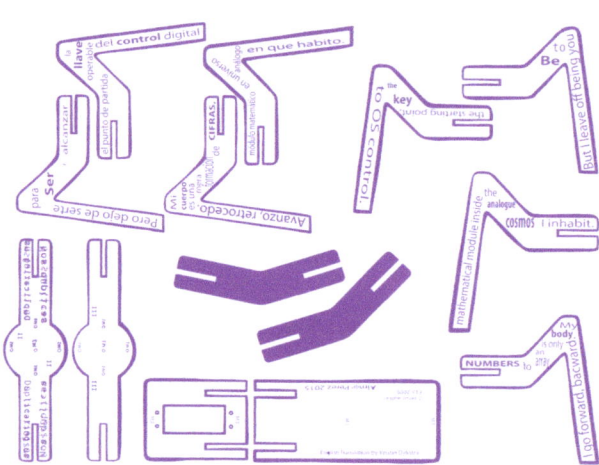

Robopoem@ I

I

Habitad@ de códigos
Code
Coding
Circuits
Algoritmo que infiere
mi entidad
sin ponderar
situación o efecto;
mera respuesta
a tu número y tecla, diodos, sintaxis digital,
el Verbo que me in/forma
y proyecta.

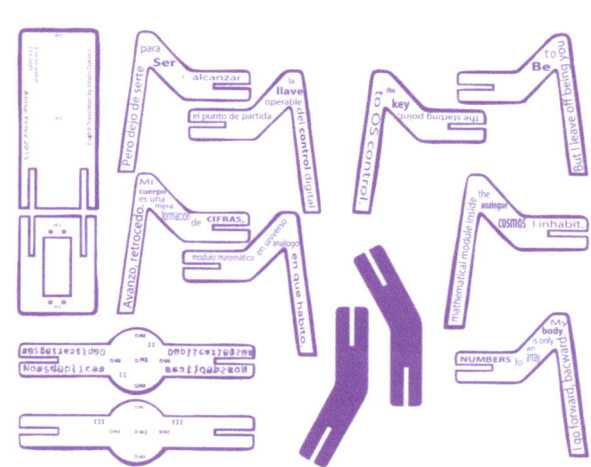

Robopoem@ II - III

II

Avanzo,
retrocedo.

Mi cuerpo es una mera
formación de cifras,
reacción y calibre,
módulo matemático
en universo análogo en que habito.
Nos duplicas.

III

Pero dejo de serte
para Ser
y alcanzar
el punto de partida,
la llave operable del control digital.

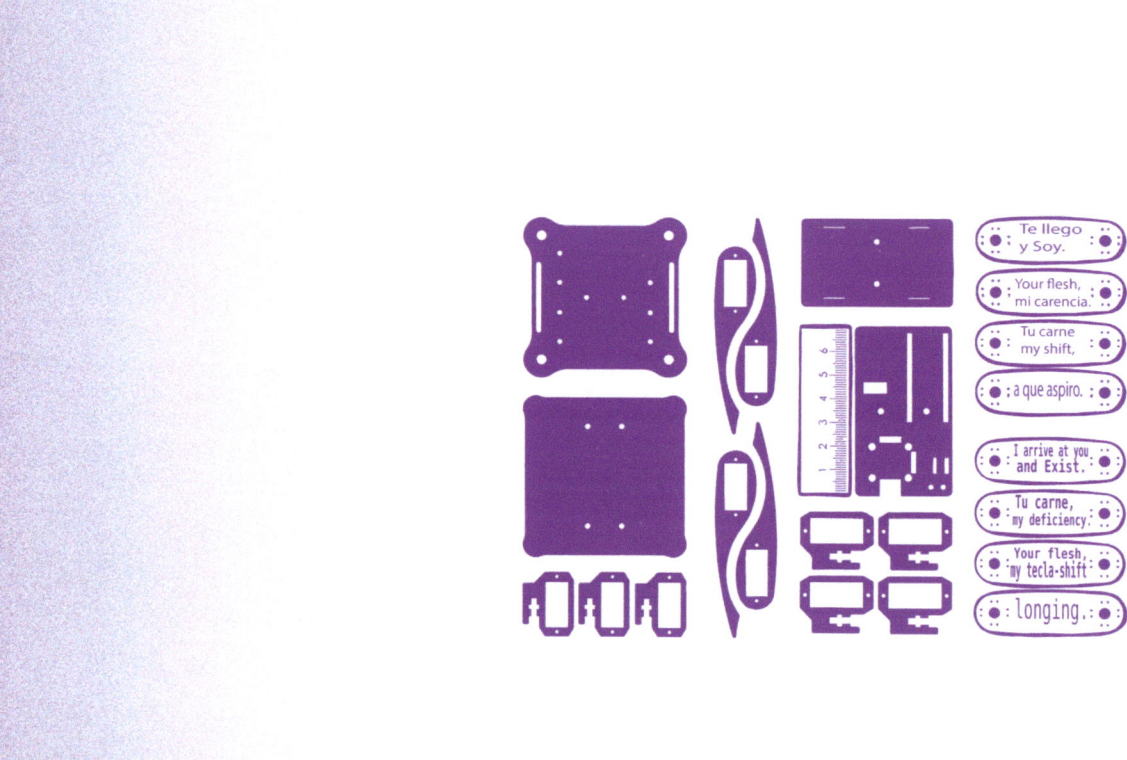

Robopoem@ IV

IV

Te llego
y Soy. Your flesh,
mi carencia. Tu carne,
my shift
a que aspiro.

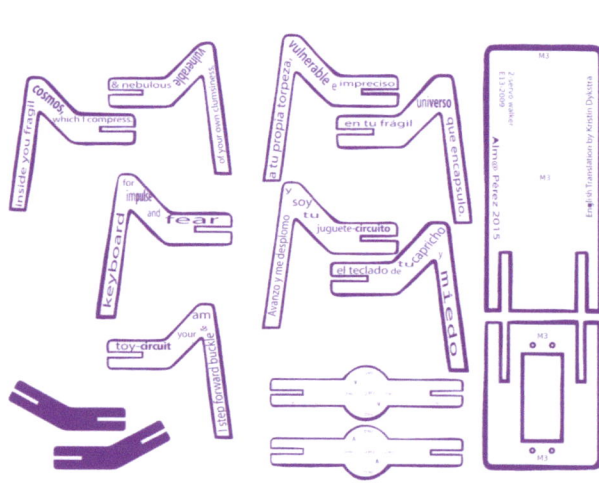

Robopoem@ V

V

Avanzo y me desplomo y soy
tu juguete-circuito,
el teclado de tu capricho y miedo
a tu propia torpeza,
vulnerable e impreciso en tu frágil universo
que encapsulo.

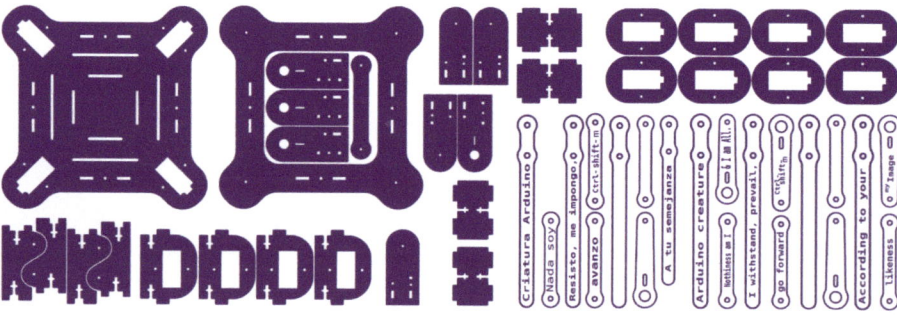

Robopoem@ VI-VII

VI

Criatura Arduino.
Nada
soy
y lo soy Todo. Resisto, me impongo, avanzo,
Ctrl
shift
m

VII

A tu semejanza
mi Imagen.

V

Mar y Virus

Poem@ CAPTCHA

Mar y Virus (Poema Oleatorio)

Mordida en virus

Reconocer la causa, argumentar opciones de animales consumidos,
apresados o en volandas.

Murciélagos comidos por civetas comidas por humanos.
La leche del camello arrebatada.
Acaso fue serpiente o escorpión.
Si serpiente,
se repiten los mitos de un/a Génesis que dádivas ofrece, y mueres en el trato,
y esa manzana clausura y desmantela.

Mi manzana es tu acto de amor y sacrificio.
Mi amor, el veneno de tu salitre oculto.

Muramos de amor y decadencia hambrienta de animales
en peligro de extinción.

Huésped y encierro

HUESPED Y ENCIERRO, envoltura.
No entres.
Si entras, no salgas.
Si sales no escupas ni repliques ni traduzcas en dolor tu genoma tu presencia en duelo.
Tu necedad
mi esquela.

Estamos transmutando en dolor la primavera
y el contacto
en falta de prudencia.

Me separo de ti, vida mía.
Te ruego distancia, que no falta de amor.
Me auscultas y sabes que mi savia está llena de trampas,
      leucocitos, hemaglutinina que busca apresarte y hundirme
        en tu célula madre.
Mi genética es tu cuerpo-aureola y me da miedo abrazarte.

Eres mi amor y epitafio,
y moriré sola sin tu rúbrica y sospecha,
sin el proclive quehacer de una humanidad quebrada y dispersa
en perpetua mutación y encierro.

Calles cerradas

CALLES CERRADAS.
Vacías calles. Calles en la soledad en su abrupta amplitud sola. Sola en el recinto enano de un cuarto de apenas metros mientras miro por la ventana el vacío.
Mientras la ciudad duerme y se limpia de gentes de sodas de chicles y legañas de espantos masificados de palabras de anuncios y figuras en una cacofonía completa y barroquísima ahora. Sola y en silencio limpia de mí misma en su obscena sumisión a muchedumbres ahora obsoleta en su reflejar de humanos escondidos aferrados a su espacio a sus miserias a su Netflix y control remoto. Remotamente huidizos mientras los pobres mueren los viejos mueren la gente sin recursos ni posibilidad de espacio muere mueren y morimos solos sola en espacio y muerte y muerte que en virus queda. Vacía en calles.
El virus queda.

Mar y Virus (VR)

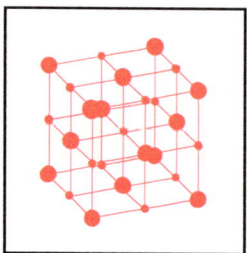
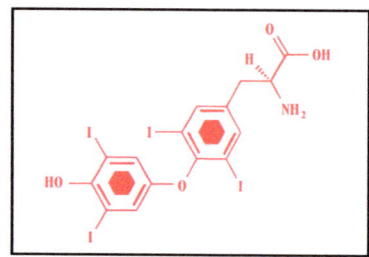

Alquimias

| Tráfico y Bolsa
| Tiroxina
| Morfina
| Hierro

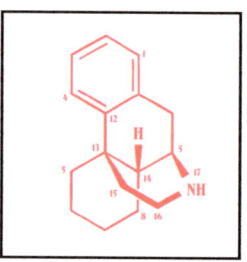
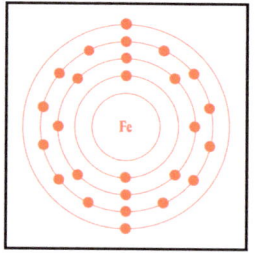

Forja

| Plomada
| Negro en ovejas
| Za]Mora Amor (Mora Amor)
| bARcEloNA/l cor. (Barcelona Arena /al cor)
| United Estados

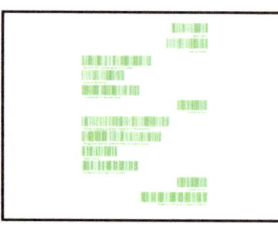

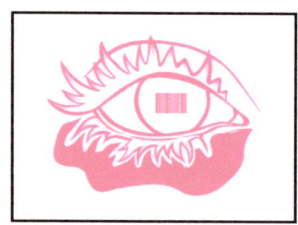

QUIET ZONE: Lugar del silencio I
QUIET ZONE: Lugar del silencio II
UNA, GRANDE, LIBRE
Estrella
Luna Morada
Tráfico y Bolsa

Código de Barras

Robopoem@s

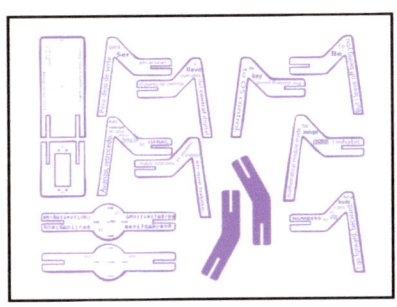
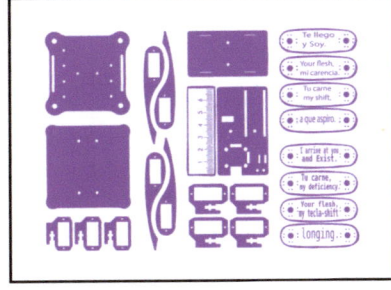
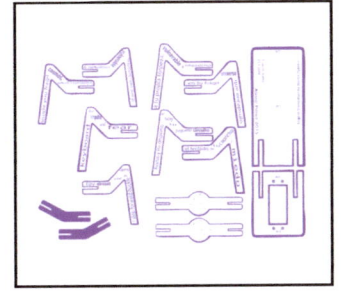

I
II, III
IV
V
VI, VII

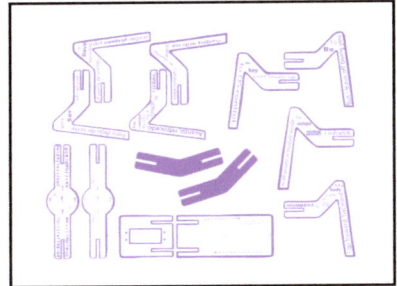

Mar y Virus

Poem@ CAPTCHA
Mar y Virus (Poema Oleatorio)
Mordida en Virus

Huesped y encierro
Calles Cerradas
Mar y Virus (VR)

Créditos

Del libro

AUTORA Y DIRECTORA **TINA ESCAJA**
DIRECCIÓN ARTÍSTICA E ILUSTRACIÓN **MARÍA VEGA**
PRODUCCIÓN TÉCNICA Y LEAD 3D ARTIST **LARA MARÍN**
3D MODELER AND 3D ANIMATOR **DAMIÁN ANTUÑA**
DIRECCIÓN AR Y DESARROLLO **ALEJANDRO ROMERO**

De las Obras Originales

AUTORA Y DIRECTORA **TINA ESCAJA**

COLABORACIONES
TE ENVOLVERÉ EN TERCIOPELO
AUTORA **TINA ESCAJA**
VITRAL **LAWRENCE RIBBECKE**

CÓDIGO DE BARRAS
ESTRELLA
IMAGEN MJ TOBAL
CÓDIGO Y ARREGLOS TINA ESCAJA
LUNA MORADA
IMAGEN **MJ TOBAL**
CÓDIGO Y ARREGLOS **TINA ESCAJA**
AUDIO FRAGMENTO DE **DHRUPAD DREAM,**
DE **FÁTIMA MIRANDA** (del CD Concierto en Canto.
El Europeo / EEM003 / Madrid, 1997)

TRÁFICO Y BOLSA
IMAGEN **JULIA OTXOA**
CÓDIGOS Y ARREGLOS **TINA ESCAJA**
DIRECCIÓN Y EDICIÓN AUDIO **SUSANA ARAGÓN**
VOCES **SILK Y ALFONKSO**

ROBOPOEM@S
AUTORA **TINA ESCAJA**
FOTOGRAFÍAS DE ROBOTS **DAN HIGGINS**
ELECTRÓNICA **WESLEY ALAN WRIGHT**
MODELOS 3D **SPARTIPILO**

MAR Y VIRUS
AUTORA **TINA ESCAJA**
VÍDEOS **MIGUEL HERNÁNDEZ. PO-ÉTICO.**
VR **MASHOONKIBRIA, ALEJANDRO ROMERO**
TRADUCCIÓN AL INGLÉS **KRISTIN DYKSTRA**

www.ingramcontent.com/pod-product-compliance
Lightning Source LLC
Chambersburg PA
CBHW041914230426
43673CB00016B/408